AF456529

henry second

EDICT

ET ORDONNANCE

sur le faict des monoyes & nouuelle fabrication poids alloy & prix, ouuerture & iugement des boettes d'icelles. Sur le reiglement presentatiõ gaiges & charges des Maistres particuliers Gardes Essayeurs Tailleurs Contregardes & Preuostz, Ouuriers & Monoyers, & aultres officiers des monoyes. Auec declaratiõ de lestablissement du lieu de l'ouuerture d'icelles. Et sur le reiglemẽt & charge des Chãgeurs, Orfeures, (leurs apprentifz) Ioyauliers, Affineurs, Departeurs & Batteurs d'or & d'argent. Et de la iustice & correction des faultes d'iceulx, & de tous lesdictz Officiers.

a fontainebleau le 14 ianuier 1549

A PARIS

Chez Pierre Haultin, rue S. Iacques a la queue de Regnard. & Chez Iehan Dallier, sur le pont S. Michel a la rose blanche.

Auec priuilege du Roy, donné a Marc Bechot graueur general des monoyes.

1550.

Henry par la grace de DIEU ROY de Frãce, a tous ceulx qui ces presentes lettres verront salut.

Comme depuis nostre ioyeux aduenement a la courone, aions faict faire plusieurs & diuerses assemblées de bons & notables personaiges de diuers estatz, auecq les generaulx de noz monoyes, le tout en la presence de certains personaiges nos speciaulx Cõseillers & officiers, a ce expressement par nous cõmis & deputez, a fin de nous donner aduis de ce qui estoit requis & necessaire pour donner ordre aux faultes, maluersations & abus commis au faict de nosdictes monoyes, tant par les Maistres particuliers & officiers dicelles, Chãgeurs orfeures affineurs & departeurs d'or & d'argent, faulxmõnoyeurs, rongneurs, que aultres. Et pour paruenir au faict de nosdictes monoyes estat & reiglement des officiers dicelles, & desdicts Chãgeurs orfeures, affineurs, & departeurs, & aultres, a fin que a laduenir telles faultes maluersations & abus cessassent, ce qu'ilz auroient faict, & icelluy aduis finablemẽt rapporte par deuers nous en nostre conseil priue.

Auquel apres auoir le tout bien entendu par le menu auons par grande & meure deliberatiõ de conseil statue, & ordonne ce qui sensuit.

I CEST ascauoir, que nouuel ouuraige fabrication & espece sera faicte d'escus qui seront nõmez Herics, sur le prix de huict vingts douze liures marc dor fin, a vingt trois carats, à vn quart de carat de remede, de soixante sept escus au marc, a vng felin & demy de remede pour marc, & de deux deniers vingt grains & demy trebuschãts piece, qui auront cours pour cinquante solds tournois piece.

Et pareillement des doubles & demys Henrics a l'equipolent.

II ET a fin de equipoler, largent & billon auecques lor, & que les valeurs de nos monoyes se correspondẽt tant du rouge que du blãc, voulons qui'l soit d'oresenauant donne en nos monoyes de chascũ marc d'argẽt le Roy au dessus de dix deniers, de loy quinze liures tournois.

Et de chascun marc dargent le Roy en billon, au dessoubs desdictz dix deniers de loy, quatorze liures cinq sols tournois.

Et que sur ledit prix de quinze liures tournois marc dargent le Roy de haulte loy soit cõtinuee la fabrication des gros & demys gros testons, en teles monoyes & en tele quãtite qu'il sera ordõne par lesdictz Generaulx de noz monoyes, des poids & loy accoustumez, qui est de vingtcinq pieces & demye au marc, a vng huictiesme de piece de remede pour marc, qui est sept deniers vnze grains trebuschans piece, & vnze deniers six grains de loy argent le Roy, a deux grains de remede.

Et sur ledict pris de quatorze liures cinq solz marc d'argẽt le Roy en billõ, soit faicte nouuelle forme de douzains de quatre vĩgts quatorze pieces au marc, a vne piece de remede pour marc, & de deux deniers demy graĩ trebuschãs piece, a trois deniers douze grains d'argent fin, a deux grains de remede, qui aurõt cours pour douze deniers tournois piece.

III ET A fin que la quantite de l'ouurage qui sera faict en chascune de noz monoyes, se puisse cognoistre & aduerer: Ordonnons que les Maistres, Gardes, Essayeurs & Preuostz desdictes monoyes feront chascun en son regard bon entier & loyal registre de tout l'ouuraige qui sera par chascun iour ouuré, monoyé, & deliuré esdictes monoyes. Ensemble des baulx qui serõt faicts aux ouuriers & monoyers. Et de la reddition qui sera faicte des breues tãt du net que de la cisaille, & assisterõt lesdictz Maistres, Gardes, Essayeurs, & Preuostz aux deliurãces qui seront faictes esdictes monoyes.

Et iceulx registres representer toutesfois qu'il sera ordonné, sur peine de mil liures Parisis d'amende, & d'estre punis comme faulsaires.

IIII ET deffendons bien expressement ausdictz gardes sur peine de punition corporelle, & du dernier supplice, de ne passer a la deliurance aulcuns deniers d'or, testons, & douzains qu'ilz ne soient des poids, loy, & dedēs les remedes dessusdicts, biē ouurez & monoyez, & de bonne rotondite, assiette & impression, & que les lettres & cordons y soient entiers.

Et a ceste fin leur enioignons de remettre a la fonte aux despens desdicts ouuriers & monoyers, respectiuement les deniers qui ne serōt biē ouurez & monoyez, comme dict est. Et ausquelz lesdictz ouuriers n'auront baille les facons qui s'ensuiuent.

C'est ascauoir frapper quarreaulx, flestrir, elizer & bonner,

Et seront tenus lesdicts ouuriers a chascun desdicts ouuraiges rechaulser lesdicts escus testons & douzains.

V SIL SE trouue en procedant aux iugemens des boettes desdictes monoyes aulcuns deniers dor ou de blanc qui ne soient des poix & loy dessusdicts, & dedēs lesdicts remedes, en ce cas tout l'ouuraige desdictes boettes sera adiugé de pareil foiblage & escharcete. Et seront lesdicts Maistres gardes & essayeurs respectiuement priuez de leurs estats & offices, & sera procede contre eulx par mulctes & emēdes tant pecuniaires que corporeles selon l'exigence des cas.

Et au cas quil se trouue aulcuns deniers d'or ou de blanc courās par les bourses plus foibles de poids ou eschars de loy, q̄ les deniers desdictes boettes, en ce cas lesdicts Maistres gardes & essayeurs serõt punis de tele & semblable peine que les faulx monoyeurs, sans y faire aulcune difficulte.

VI AYANT esgard a la cherte du charbon eauforte, ciment & charges cy dessus specifiees, & a fin que lesdicts maistres tailleurs, ouuriers & monnoyers aient occasion de bien & deuemẽt faire l'ouurage qui se fera esdictes mõnoyes, ordonnons que au lieu de seize solds six deniers de brassaige pour marc, que ont de present les maistres particuliers de nos monoyes pour chascun marc d'or ouure' d'une part, & cinq solds six deniers pour chascũ marc de douzains d'autre, ilz aient doresenauant pour chascun marc dor ouure' vingt cinq solds tournois.

Et pour chascun marc de douzains six solds six deniers tournois.

Et pour les testons & demys testons le salaire accoustume'.

A la charge de paier aux tailleurs desdictes monoyes pour chascũ marc d'or monoye' deux solz tournois.

Et pour chascun millier d'oeuure desdicts douzains, cent solds tournois.

Et aux ouuriers pour chacun marc d'or ouure trois solds tournois.

Et pour chascun marc de douzains vingt deniers tournois.

Et aux monoyers pour chascun marc d'or monoye, deux solds tournois.

Et pour chacun marc de douzains, dix deniers tournois.

Et pour les testons auront lesdictz Tailleurs ouuriers & monoyers les salaires accoustumez.

A la charge toutesfois que lesdictz Ouuriers seront tenus de fournir a leurs despens le charbon qu'il conuiẽdra auoir pour ouurer lesdictz escus, testons & douzains: & de rendre lesdictz ouuraiges sans aucun dechet, a vne once de sciaille pour marc seulemeut.

VII QVE d'ores en auant & iusques a ce que autrement en soit par nous ordõne de toutes monoyes de nos Royaulme, pays, terres & seigneuries de nostre obeissance, n'y aura ouuertes, & besoignãs, que celles de Paris, Rouẽ, Troyes, Digeõ, Liõ, Grenoble, Turin, Marseille, Mõtpeslier, Tholose, Bayone, Bordeaulx, la Rochelle, Limoges, Poictiers, Bourges, Tours, Angiers, & Rhenes.

Lesquelles respondront & seront les boettes dicelles monoyes ensemble des aultres que no⁹ pourrõt cy apres faire ouurir en nosdicts Royaulme, pays, terres & seigneuries iugees en la chambre de nos monoyes a Paris.

Et les Maistres & officiers preuosts ouuriers & monoyers desdictes monoyes punis des faultes maluersations & abus par eulx commises, &

qu'ilz

q'uilz commettrõt au faict desdictes monoyes.

VIII. ET A fin que l'ouurage qui se fera esdictes monoyes soit biẽ & loyaulment faict & cõtinue & par gens de biẽ, ordonnons que les villes ou sont establies lesdictes monoyes nous presenteront dores en auant les Maistres, Gardes, Tailleurs, Essayeurs & Contregardes desdictes monoyes, & nous certifieront iceulx estre gens de bien & de bonne renõmee & conuersation. Et lesquelz serõt par nous pourueuz desdicts estatz a la susdicte nominatiõ & non aultremẽt.

Et receuz par les generaulx de noz monoyes a Paris, apres qu'ilz auront este par eulx examinez & trouuez suffisans pour exercer lesdicts estats & offices.

Et quant aux officiers qui sont de present ausdictes monoyes, nous voulons iceulx nous estre certifiez & nommez par lesdictes villes s'ilz cognoissent qu'ilz soient gens suffisans & de probite requise. Et a leur nomination ilz seront de nouuel par nous pourueuz.

Et ou lesdictes villes ne les vouldroient nommer & certifier, nous voulons & leur enioignõs nous en nõmer d'aultres telz que bon leur semblera, idoines toutesfois & suffisans pour estre par no⁹ pourueuz desdictes charges a leur nomination comme dict est.

IX. SERONT tenus les officiers de chascune desdictes monoyes de clorre par chascũ an le dernier iour de Decembre toutes les boettes de l'ouuraige qui aura este faict esdictes monoyes, & icelles enuoyer en la chambre des monoyes a Paris, par l'un des Gardes, au iour qui leur sera mande par lesdicts Generaulx.

Auquel iour le Maistre particulier sera tenu de comparoir en persone aueccq la garde qui aura apporte lesdictes boettes pour assister a l'ouuerture & iugement desdictes boettes, lequel iugemēt sera de tel effect comme s'il auoit esté donne auecques tous les aultres Officiers de ladicte monoye.

Et ou ledit Maistre ne comparoistroit au iour a luy assigne, ou estant comparu se absenteroient lesdicts Maistre & Garde ou l'un d'eulx, non obstant leur absence sera procede a l'ouuerture & iugement desdictes boettes, en la presence de nostre procureur, en la chambre desdictes monoyes.

Et le iugement qui en sera faict, sera de tel effect, comme s'il auoit este dōne auecques lesdicts Maistre, Garde, & aultres officiers de la monoye, de laquelle le iugement des boettes sera faict.

X ET Defendons tresexpressement aux gens de nos courts de Parlemens & des Cōptes de nos pays de Languedoc, Prouēce, Bretaigne, Daulphine, Bourgoigne, Sauoye & Piedmōt, & Generaulx subsidiaires desdicts pays, &

a tous aultres iuges de ne entreprẽdre aulcune iurisdictiõ & cognoissãce des boettes desdictes monoyes, ne sur les Maistres & officiers dicelles, en ce qui concerne le faict desdictes monoyes.

Et aussi defendons a noz amez & feaulz les maistres des requestes ordinaires de nostre hostel & gardes de noz seaulx, de ne expedier aulcunes lettres de relief d'appel des appellations qui seront interiectees des commis & deputez desdicts Generaulx des monoyes, si ce n'est par deuãt lesdicts Generaulx des monoyes en leur chãbre & auditoire a Paris.

Et ausdictes courts de ne prendre aulcune iurisdictiõ ou cognoissãce desdictes appellatiõs. ains les renuoyer pardeuãt lesdicts Generaulx de nos monoyes a Paris, suiuãt l'ordonnãce faicte sur le faict desdictes monoyes, le dixneufiesme iour de Mars, mil cinq cens quarante.

Et de ne empescher que lesdicts maistres & officiers desdictes monoyes soient tirez en la chãbre desdictes monoyes a Paris. Et sans ce q̃ lesdicts cõmis & deputez desdicts Generaulx ou leurs huissiers ou sergẽs executeurs de leurs mãdemens & cõmissions, soiẽt tenus de demãder aulcunes lettres de visa placet, ne pareatis. Non obstãs quelconques priuileges & libertez pretendus par lesdicts pays, gens de parlemẽs, des Comptes & Generaulx subsidiaires & lettres qu'ilz pourroiẽt auoir obtenues au contraire tant de nous, que de nos predecesseurs.

Ausquelles de nostre certaine science, pleine puissance & auctorite' royale auons deroge', & derogeons par ces presentes, & a la derogatoire de la derogatoire.

XI ET POVR oster toute occasion d'escharcete de loy & foiable de poids es monoyes qui se forgerõt d'ores en auãt a nos coig & armes, voulons & ordonnons, que au lieu de ce que lesdicts Tailleurs, Essayeurs, Gardes, & Contregardes ont cy deuãt accoustume' d'estre payez de leurs gaiges par les mains des Maistres desdictes monoyes, des deniers procedãs desdictes escharcetez & foiblaiges, ilz soient d'ores en auant payez par les Receueurs ordinaires des lieux ou sont establies lesdictes monoyes, en raportant certification desdicts Generaulx de nos monoyes, qu'il n'y aura eu chomage en chascune desdictes monoyes, excedãt le temps de trois mois, Pour lequel tẽps ne voulons & n'entendons suiuant les anciennes ordonnances, que lesdicts Gardes, Tailleurs, Essayeurs & Contregardes soient payez de leurs dicts gaiges.

XII SVIVANT les anciennes ordonnances, nous auons statue' & ordonne' que les affineurs & departeurs d'or & d'argẽt, ne fondrõt & n'affineront aulcune matiere d'argent au dessoubs de dix deniers de loy.

Et ne pourront affiner les laueures des orfe-ures ou d'aultres sans conge & permission des dicts Generaulx de nos monoyes a Paris, quãd a ceulx qui sont demourans a Paris, & ceulx des aultres villes sans permissiõ des Gardes ou Preuostz desdictes monoyes.

XIII LES Orfeures ne achepteront, fondront, ne difformerõt aulcunes especes d'or ou dargent ayans cours, ou descriees, pour employer en leurs ouuraiges, sur peine de confiscation de corps & de biens.

XIIII ET seront tenus lesdicts orfeures de faire leurs ouuraiges d'or fin ou d'or a vingt deux carats aux remedes contenus en l'ordonnance de lan mil cinq cens quarante trois.

Et seront aussi tenus d'ouurer dargent a vnze deniers douze grains fin aux remedes de deux grains fin.

Et ce sur peine de confiscation des ouuraiges qui ne seront de ladicte loy, ou dedens lesdicts remedes, & d'amende arbitraire.

XV LESDICTS orfeures & loyauliers seront tenus de bailler bordereaulx escripts & signez de leurs mains a ceulx qui achepterõt aulcunes chaisnes, vaissélles, tasses & aultres ouuraiges dor ou dargent contenants les poids & loy de ce qu'ilz vendront, & les prix tant de la matiere que de la facon.

Et vendront l'or & l'argent a part, & les fa
cons a part, afin que si ceulx qui aurõt achepte
d'eulx vouloient reuendre lesdictes ouuraiges,
ilz soiẽt tenus de les faire bons de la loy, pour
laquelle ilz auront faict la vente.

XVI ET Pour euiter au nombre excessif
des Maistres dudict mestier d'orfauerie, & aux
faultes maluersations & abus qui se y commet-
tent chascun iour, defendons tresexpressement
ausdicts Generaulx des monoyes de ne rece-
uoir aulcun apprentif au sermẽt de maistre or-
feure, qu'il n'ait este' prealablement par eulx
examine' sur la bonte' & empirece tant d'or que
d'argẽt, sur les arreraigẽs diceulx, & aultres cho
ses contenues es ordonnances dudict mestier.

Et que iceulx apprentifz aient este' par eulx
trouuez suffisans & capables, & des qualitez re
quises par lesdictes ordonnances.

XVII LES Maistres iurez & gardes du mestier de l'orfauerie de ladicte ville de Paris, feront leurs visitations en la maniere accoustu-
mee, & dicelles feront leurs rapports pardeuãt
lesdicts Generaulx de nos monoyes a Paris, sur
ce quilz auront trouue tant contre les orfeures
Ioyauliers, Merciers, Lapidaires, que aultres,
pour en estre faict iugement & y estre pourueu
par lesdicts Generaulx comme de raison.

Et quãt a ceulx des aultres villes, feront leurs
rapports pardeuant les iuges ordinaires en la

presence des Gardes des monoyes des lieux ou il y a monoyes.

XVIII. ET Faisons expresses inhibitions & defenses aux Maistres des monoyes Changeurs, Orfeures, Ioyauliers, Affineurs, Departeurs & Batteurs dor & dargēt de ne achepter ou vendre les Marcs d'or & d'argēt a plus hault prix qu'il est cy dessus contenu, qui est de huict vingts douze liures tournois, marc d'or fin.

Quinze liures tournois marc d'argent de haulte loy,

Et quatorze liures cinq solds marc d'argent en billon,

Sur peine de confiscation de l'or & argēt qui aura esté vendu, & de cent liures Parisis d'amende pour la premiere fois.

Et pour la deuxiesme de semblable confiscation & amēde, & en oultre de bannissemēt perpetuel de nos Royaulme pays, terres & seigneuries.

XIX ET SVR mesmes peines & de punition corporele enioignōs ausdicts Maistres des monoyes, Changeurs, Orfeures, Ioyauliers, Affineurs, Departeurs & batteurs d'or & d'argēt de tenir bon entier & loyal registre. Auquel ilz escriront de leurs mains toutes les matieres d'or & d'argent qu'ilz achepteront & vendront, cōtenāt les poids, loy, & les nōs de ceulx de qui ilz auront achepte, & ausquelz ilz liureront &

vedront ledict or & argent, soit en œuure masse ou aultrement.

Ensemble les prix qu'ilz auront achepté & vendu leurdict or & argent pour icelluy representer quand il sera ordonné.

XX ET Oultre suiuant l'Indult de nostre sainct pere, & ordonnances de nos predecesseurs, par lesquelles si aulcuns de nos officiers sont trouuez delinquens en leurs offices, ilz doibuent estre priuez de leurs clericatures, declarons par ces presentes, que non seulement lesdicts Maistres, Gardes, Tailleurs, Essayeurs & contregardes de nos monoyes, mais aussi les Preuosts, ouuriers & monoyers dicelles, Changeurs, Orfeures, Affineurs & Departeurs, qui ont serment a nous.

Ensemble tous faulx monoyeurs roigneurs & billoneurs, ou leurs receleurs ne seront receuz en cas de delict commis au faict de nosdictes monoyes, a alleguer ne eulx ayder d'aulcunes lettres de clericature.

Et declarons en oultre, que ceulx qui seront trouuez saisis de roigneures ou billon procedant des roigneures de monoye, & attaincts et conuaincus d'auoir achepté roigneures de monoyes, ou scientement auoir participé auec les roigneurs, faulx monoyeurs, et achepté d'eulx scientement de la monoye faulse ou billon procedent des roigneures de Monoye, soient punis

nis de ſemblable & meſme punition que les faulx monoyeurs, ſans y faire aulcune differen ce.

XXI ET Pource que lon ne peult deſcouurir & aduerer les falſifications, adulterations, roigneures, & aultres maluerſatiõs qui ſe cõmettẽt au faict deſdictes monoyes, ſinon auecques grãdes difficultez. Et encores icelles cogneues eſt mal aiſe de ſcauoir dont elles vienent, ceulx qui en ſont participans & reſponſables, voulõs ſtatuons & ordonnons ſuiuant ladicte ordonnã ce du dixneufieſme iour de Mars, mil cinq cens quarante, Qu aux iugemens des proces concer nans les faultes maluerſations & abus commis au faict deſdictes monoyes qui ſont ou ſeront cy apres deuoluts en noſtre court de parlemẽt a Paris par appel deſdicts Generaulx des monoyes, Preuoſt de Paris, Baillis, Seneſchaulx & aultres iuges, dont les appellations reſſortiſſent en ladicte court ſoit appellé, interuenu & aſſiſte le preſident des Generaulx deſdictes monoyes, ou en ſon abſẽce deux deputez deſdicts Generaulx, ſans diminutiõ du nõbre des Preſidens & Conſeillers, auquel on a accouſtumé iuger par arreſt.

En enioignant par ces preſentes a noſtre dicte court, de ainſi en vſer d'ores en auant, ſans y faire faulte.

XXII SEMBLABLEMENT Pource que

lesdicts Maistres & officiers desdictes monoyes Changeurs, Orfeures, Affineurs, Departeurs, Roigneurs, faulx monoyeurs, & aultres delinquens au faict desdictes monoyes pour euiter correction & punition desdicts crimes & malefices, interiectees plusieurs appellatiõs desdicts Generaulx comme de Iuges incompetens. Et pour obtenir leurs reliefz d'appel, taisent lesdicts Maistres, officiers, Changeurs, Orfeures, Affineurs & Departeurs, leurs qualitez. Et lesdicts Roigneurs, faulx monoyeurs, & aultres ne donnent a entendre qu'il est question des faultes & maluersations par eulx commises au faict de nosdictes monoyes.

Et soubs ceste couleur differrent lesdicts Generaulx passer oultre a la capture des persones, & perfection des proces des delinquens.

A cause de quoy par le moyẽ dudict appel lequel souuẽt prẽd long traict, & n'est incõtinẽt decide', la preuue desdictes faultes & maluersations se deperit, tant par les subornations, que par la mort des tesmoings qui interuient, en attendant la decision dudict appel comme de iuges incompetẽs. Statuons & ordonnons pour le bien de iustice, & a fin que lesdictes faultes ne demeurent impunies, que lesdicts Generaulx passeront oultre a la perfection des proces d'iceulx Maistres & Officiers desdictes monoyes, Changeurs, Orfeures, Affineurs, Depar teurs, Roigneurs, Faulx monoyeurs, & aultres qui auront delinque' au faict desdictes monoyes, dont la cognoiscance leur appartiēt, tāt priuatiuement, que par preuention.

Et ce non obstant ledict appel comme de Iuges incompetens, comme estant notoirement friuol, & aultres appellations quelconques, & sās preiudice dicelles, & pour lesquelles ne voulons & entendons estre par eulx differe' de proceder a la perfection desdicts proces.

En defendant par nous a nos amez & feaulx Conseilliers les Maistres des requestes de nostre hostel, de ne expedier aulcun relief des appellations qui seront interiectees desdicts Generaulx cōme de Iuges incompetens, sans auoir sceu & entendu desdicts Generauls les causes pour lesquelles ilz auront decerne' les prinses de corps, adiournemens personelz, & a trois briefz iours contre ceulx qui pourchasseront lesdicts reliefz d'appel comme de Iuges incompetens, a fin de scauoir & entendre si la cognoiscance en appartient audicts Generaulx, pour apres denyer ou expedier lesdicts reliefz d'appel, selon l'exigence de la matiere.

SI DONNONS en mandement par ces presentes a nos amez & feaulx les gens de nosdictes courts de Parlemēs, gens de nos Cōptes, Thesauriers de France, & de nostre Espargne, Generaulx de noz monoyes, Preuost de Pa ris, Baillis, Seneſchaulx, & aultres nos iuſticiers & officiers, & a chaſcun d'eulx ſicomme a luy appartiendra, que ceſte preſente ordonnance facent lire publier & enregiſtrer, entretienent gardent & obſeruent, facent entretenir, garder & obſeruer ſelon ſa forme & teneur.

¶ Non obſtans oppoſitions ou appellations tant de nos Procureurs ſcindics des pays, que aultres priuileges & libertez par nous & nos predeceſſeurs donnez auſdicts pays, courts de Parlement, chambres des Comptes, & aultres.

Auſquelz de noſtre certaine ſcience pleine puiſſance & auctorite royale, nous pour le biẽ de iuſtice & vtilite' vniuerſele de nos royaulme pays, ſeigneuries & ſubiects auons deroge' & derogeons par ces preſentes, & a la derogatoire de la derogatoire.

ET POVRCE que de ces preſentes lon pourra auoir affaire en pluſieurs lieux nous voulons que au duplicata & vidimus dicelles faict ſoubs ſeel royal, foy ſoit adiouſtee cõme au preſent original. Auquel en teſmoing de ce nous auons faict mettre noſtre ſeel.

Donne' a Fontainebleau le quatorzieſme iour de Ianuier, lan de grace mil cinq cens quarante neuf, & de noſtre regne le troiſieſme.

Ainſi ſigne' ſur le reply, Par le ROY en ſon conſeil. Auquel monſieur le Duc Daubmale, le Sire de Montmorency Coneſtable, vous meſſi re Francois Oliuier Chancellier, les Sires de Sedan, & de sainct André, cheualiers le lordre, mareschaulx de France, leuesque de Soissons, Maistre Iehan de la chesnaye general des finances, & aultres estoient. Du Thier.

Lecta publicata & registrata audito procuratore generali Regis hoc requirente, sub modificationibus tamen & limitationibus in registro super hoc facto contentis, & absque præiudicio oppositionis Magistrorum iuratorum aurifabrorum huius vrbis Parisiensis. Actum Parisiis in Parlamento, tertia decima die Februarij, Anno domini millesimo quingentesimo quadragesimo nono. Sic signatum,

Du Tillet.

DECLARATIONS & modifications lesquelles la court a ordonné estre mises sur les lettres patentes decernees par le Roy le quatorziesme iour de Ianuier dernier passé.

ET PREMIEREMENT.

Quant au dixiesme article desdictes lettres, portant inhibitions & defenses aux courts de

Parlement de ne cognoistre des appellations qui seront interiectees des commis & deputez par les Generaulx des monoyes, & aux Maistres des Requestes de ne bailler reliefz desdictes appellations que pardeuāt eulx, sera ledict article modifie', pourueu que ce ne soit es cas desquelz par les ordonnances & edicts il est permis aux accusez de venir directement omisso medio es courts de Parlement.

ET QVANT a l'article vingt vniesme par lequel est ordōne' que les faulx monoyeurs Roigneurs, Billoneurs, & aultres persones denōmez audict article non estans officiers, ne iouiront du priuilege de clericature, sera faicte remonstrance au Roy de faire insister enuers le Pape par son Ambassadeur, a fin d'obtenir indult general & declaration pareille, que celle qui est contenue audict article.

Et neantmoins la matiere mise en deliberation la grande Chambre & Tournelles assemblees ou estoient les Conseilliers, Clers & lays, si telles persones doibuēt iouir dudict priuilege, a este' delibere' & conclu, que par les constitutions Ecclesiasticques & Canonicques, attendu la grauite' du cas, dommaige inestimable, & insupportable des subiects du Roy, procedās desdicts crimes & delicts, les persones denōmees audict article chargees desdicts crimes, seront priuees du pretendu priuilege de clericature, & ne seront rendus aux iuges d'eglise, mais sera procedé par les iuges laiz, a la punition desdicts crimes, selon l'exigence d'iceulx.

ITEM & pour le regard du vingtdeuxiesme article, contenant que les Presidens des monoyes & deux desdicts Generaulx en l'absence dudict President seront appellez aux iugemens des Appellations, qui seront interiectees en ladicte court des sentences desdicts Generaulx, & aultres iugemens qui seront donnez par les iuges ordinaires esdicts crimes, a ladicte court ordonné, & ordonne que lesdicts President & Generaulx ne seront appellez aux iugemẽs desdicts appellations. Mais pourra la court (ainsi que quelque fois elle a accoustumé de faire) les faire appeller pour soy informer d'eulx ainsi & quand bon luy semblera.

ET QVANT au vingt troisiesme article, portant defences aux Maistres des Requestes de ne bailler reliefz en cas d'appel, a ceulx qui seront appellans desdicts Generaulx comme de iuges incompetens, sans premierement appeller lesdicts Generaulx des monoyes, a ladicte Court ordonné & ordonne que sans auoir regard audict article, quant a ce, que lesdicts Maistres des Requestes pourront bailler lesdictz reliefz sans appeller lesdicts Generaulx ainsi qu'ilz ont accoustume' de faire es aultres matieres.

Faict en Parlement, le treziesme iour de Feburier, l'an mil cinq cens quarante neuf.

Signe' Du Tillet.

www.ingramcontent.com/pod-product-compliance
Ingram Content Group UK Ltd.
Pitfield, Milton Keynes, MK11 3LW, UK
UKHW022151260726
13993UKWH00005B/2294